Margit Fuhrmann

Joseph

Ein Traum-Mann

Margit Fuhrmann

Joseph

Ein Traum-Mann

Steinmann

Erste Auflage

ISBN 978-3-927043-75-6
Covergestaltung: Elsa von Rahden, Fischerhude
Titelabbildung: Relief „Die Flucht der Heiligen Familie", Erich Gilmann
Autorenfoto: Margit Fuhrmann, privat
Herstellung: Books on Demand GmbH, Norderstedt

www.steinmannverlag.de

Inhaltsverzeichnis

Vorwort

JOSEPH – WER? Auf der Suche nach einem Thema für meinen Kurs *Vorbereitung auf Advent und Weihnachten* war auf einmal JOSEPH ganz präsent. Doch warum ausgerechnet dieser Zimmermann aus Nazareth? Ist Joseph denn nicht eine eher unbedeutende Randfigur in der Heilsgeschichte Gottes mit uns Menschen? In den Evangelien erfahren wir nur sehr wenig von diesem Mann, der als Ziehvater für Mariens Sohn gilt.

Wie kam ich nun darauf, gerade ihn so in den Blick zu nehmen? Beim Nachdenken darüber wurde mir bewusst, dass unsere Weihnachtsstimmung und die Emotionen, die mit der Heiligen Nacht verbunden sind, eine sehr weibliche Färbung haben. Verwunderlich ist das nicht, sind doch Schwangerschaft und Geburt ureigenes Frauen-Erleben.

Vor meinem geistigen Auge erschienen dann alle Personen, die in den Kindheitserzählungen bei Lukas und in den ersten Kapiteln bei Matthäus vorkommen. Da sind einmal Maria, die Mutter Jesu, dann Elisabeth, die Mutter Johannes' des Täufers, und Hannah im Tempel.

Erstaunt stellte ich fest, dass die Zahl der Männer die Zahl der Frauen übertrifft. Es begegnen uns Zacharias, der Vater Johannes' des Täufers, Joseph, der Verlobte Marias, die Hirten auf dem Feld, die Sterndeuter aus dem Morgenland, König Herodes und Simeon im Tempel.

Dennoch nehmen wir die Geburt Christi gefühlsmäßig eher aus der Perspektive einer Frau, aus der der Mutter, wahr. Ich spürte, es ist an der Zeit, JOSEPH zu Wort kommen zu lassen. Gespannt und offen für das, was er mir und uns zu sagen hat, nahm ich mir vor, ihn neu zu entdecken.

Zunächst machte ich mich mit meiner Kamera auf die Suche nach Josephsdarstellungen in den Gotteshäusern der Umgebung. Auch die barocke Figur an der Stirnseite der Empore in *St. Josef, der Bräutigam Marias,* in Marktheidenfeld fotografierte ich. Beim Verlassen der Kirche kam mir auf dem Bronzegriff an einer der Windfang-Glastüren am Hauptportal die Szene der Geburt Christi regelrecht entgegen. Nun schaute ich genauer hin: Jedes der Reliefs an den sechs Türen hat das

Leben der Heiligen Familie zum Thema – und Joseph spielt in fünf davon eine tragende Rolle.

Für einen Moment blieb ich erstaunt stehen, gehe ich doch schon seit fast einem halben Jahrhundert immer wieder durch diesen Eingang. Und heute erst fallen mir diese beeindruckenden expressionistischen Kunstwerke ins Auge! Sie ließen mich nicht mehr los.

Die Fotos der Reliefs wurden mir zur Inspirationsquelle für die Auseinandersetzung mit dem Mann, den Gott zum Vater seines Sohnes ausgesucht hat. Je mehr ich mich in die Darstellungen vertiefte, desto größer wurde der Wunsch, meine Gedanken zu JOSEPH, wie sie sich auch im Werk des Künstlers Erich Gillmann finden lassen, niederzuschreiben.

Die Heilige Schrift sagt nicht viel über diesen anscheinend so unspektakulären Mann. Kein einziges Wort von ihm ist überliefert. Was wir über ihn zu wissen meinen, nährt sich aus Legendenbildungen späterer Jahrhunderte, deren Ursprünge in apokryphen Schriften zu finden sind.

Gerade deshalb wählte ich für das Einfühlen in seine Gestalt und Person nicht den exegetischen, sondern eher den Weg des psychologischen Zugangs. Grundlage dafür sind die Berichte der Evangelisten Lukas und Matthäus. Entlang der gewachsenen Vorstellungen über die Menschwerdung Gottes, versuchte ich, am Beispiel Josephs zu zeigen, wie Leben gelingen kann.

Der Heilige, der so eine Nebenrolle zu spielen scheint, ist gleichsam wie ein unaustauschbarer Faden in den göttlichen Heilsplan verwoben. Erst sein JA ermöglichte es, dass Jesus in einer menschlichen Familie aufwachsen und reifen durfte. In der Geborgenheit elterlicher Liebe konnte Jesus auf seinen wahren Vater hinweisen, der Vater aller Menschen ist.

Dieser himmlische Vater nimmt in seinem Sohn die Unscheinbaren, Ohnmächtigen, Kleinen, Hilflosen, Kranken und Verlorenen in den Blick und macht sie heil. Er ruft die Namenlosen beim Namen und wendet sich Ihnen zu. Er sieht und berührt sie und gibt ihnen Ansehen und Würde zurück, weil kein Name bei ihm vergessen ist.

Enttäuschung

Was unser Leben prägt und wie es verläuft, ist von unserer Herkunft, unserem Kultur- und Lebensraum und von traditionellen Rahmenbedingungen beeinflusst, wenn nicht sogar weitgehend mitbestimmt. In unserer westlichen offenen Gesellschaft scheinen heute jedoch nahezu alle Lebensentwürfe in individueller Freiheit möglich. Ist es aber nicht so, dass tief in uns ein Verlangen, eine Ursehnsucht nach verlässlichen Beziehungen, nach Liebe und Geborgenheit und fraglosem Angenommensein wohnt?

Wie mag es da einem Menschen gehen, der sein ganzes Handeln und Streben nach den Regeln ausrichtet, die Gesetz und Anstand gebieten, der seine Zukunft geordnet glaubt – und feststellen muss, dass er verraten, belogen, betrogen, bloßgestellt worden ist? Wut und Zorn über missbrauchtes Vertrauen, Ohnmachtsgefühle und Zweifel an sich selbst mischen sich mit dem Entsetzen darüber, einer Täuschung aufgesessen zu sein und der Scham, in den Augen der Leute wie ein törichter Narr dazustehen. Beispiele aus falschen Freundschaften, zerstörenden Arbeitsverhältnissen, zerbrochenen Beziehungen gibt es viele. Was macht diese Enttäuschung mit einem Menschen? Sinnt er auf Rache? Schlägt er blind um sich? Resigniert er? Sucht er Auswege aus dem Konflikt, die ihn das Gesicht wahren lassen?

All diese möglichen Verhaltensweisen sind verständlich, denn Kränkung macht krank. Oft sitzt die Wunde tief, schwärt und eitert, so dass Heilung kaum mehr möglich scheint. Und nicht Wenige zerbrechen daran.

Der Evangelist Matthäus berichtet uns von Joseph, der sich mit einer Situation konfrontiert sieht, die ihn in tiefe Verzweiflung stürzen muss. Er ist mit einem Mädchen verlobt. Nach der Tradition seines Volkes und seines Glaubens war das gemeinsame Leben geplant – und nun ist diese junge Frau schwanger. Offensichtlich hat sie ihn hintergangen, ihm Hörner aufgesetzt und ihn in seinem Stolz und seiner Männlichkeit zutiefst verletzt. Wie soll er sich verhalten: Maria, seine Verlobte, zur Rechenschaft ziehen und damit ihren Tod durch Steinigung provozieren? Das will er nicht. Deshalb sieht er nur den Ausweg, sich von ihr zu trennen, ohne großes Aufsehen zu erregen: *Da fasste Joseph, ihr Verlobter, der ein rechtschaffener Mann war und sie nicht in üblen Ruf bringen wollte, den Entschluss, sich ohne Aufsehen zu erregen von ihr loszusagen* (Matthäus 1,19).

Auf mich wirkt dieser Mann sehr reflektiert. Statt dem ersten Impuls nachzugeben, schläft er, wie der Volksmund sagt, erst einmal eine Nacht darüber, bevor er handelt. Und jetzt kommt ein Engel ins Spiel. Joseph hört im Traum die Stimme des Boten Gottes: *Doch als er sich mit solchen Gedanken trug, siehe, da erschien ihm ein Engel des Herrn im Traum und sagte zu ihm: »Joseph, Nachkomme Davids, trage keinerlei Bedenken, Maria, deine Verlobte, als Ehefrau zu dir zu nehmen! Denn das von ihr zu erwartende Kind stammt vom heiligen Geist. Sie wird Mutter eines Sohnes werden, dem du den Namen Jesus geben sollst; denn er ist es, der sein Volk von seinen Sünden erretten wird«* (Matthäus 1,20-21).

Aus dem Schlaf erwacht geht Joseph nun mit seiner emotionalen Enttäuschung so ganz anders um, als wir es erwarten würden. Er realisiert, dass die Vorstellungen, die er von seinem Leben hatte, eine Täuschung waren, die durch die Ereignisse enttarnt, enttäuscht wurden. Durch die Botschaft des Engels, die Josephs Vertrauen herausfordert, wird ihm bewusst, dass seine Zweifel zwar menschlich verständlichen Befürchtungen entspringen, die Wahrheit aber das menschlich Vorstellbare übersteigt.

Leben

MEDITATION

Tastende Schritte
Im Dunkeln
Der Ahnung entgegen
Dass am Ende der Nacht
Die Hoffnung erstrahlt
Im neuen Morgen
Mutige Schritte
Der Verzweiflung zum Trotz
Der Sehnsucht
Dem Geheimnis in mir
Auf der Spur
Beherzte Schritte
Zerbrechen den Panzer
Meine Härte
Damit das Feuer der Liebe
Mich ergreift
Beflügelte Schritte
Engelbegleitet
Der Verheißung gewiss
Gott will ankommen
Geboren werden - In mir
Schritte zur Ankunft
Schritte zum Heil
Schritte zum Leben
Schritte zur Menschwerdung

In der Darstellung der Traumszene liegt Joseph langgestreckt schlafend da. Seine Gestalt füllt fast zwei Drittel des Reliefs aus. Der rechte Arm, Symbol für Kraft und Handlung, fällt locker und entspannt über seinen Leib, die Fingerspitzen berühren das Lager, auf dem er ruht. Joseph, ein Mann mit Bodenhaftung. Der linke Arm, bildhaft für Herz und innere Sinne, geht abgewinkelt nach oben über das Haupt hinweg; die Hand streckt sich in Richtung Himmel aus. Im rechten Winkel kommen ihr die Finger der linken Hand des Engels entgegen. Fast berühren sie sich und bilden gleichsam ein schützendes Dach. Der Himmelsbote nimmt knapp die obere Hälfte des Raumes ein. Schwebend bedeckt er die Gestalt des liegenden Mannes. Es wirkt, als bildeten beide eine Einheit. Mit dem Kopf des Engels, genau über Josephs Leibmitte, will der Künstler vielleicht ausdrücken, dass die Wahrheit, die er dem Schlafenden zumutet, den ganzen Menschen meint. Körper, Geist und Seele werden von dem Traumbild berührt, dessen Anweisung zu gehorchen, eine volle und tatkräftige Entscheidung mit Herz und Verstand fordert. Vier Mal, so lesen wir bei Lukas und Markus, wird Joseph nach dem Erwachen mit schlafwandlerischer Sicherheit ohne Zögern die Traumbotschaft befolgen.

Die Augen des Engels schauen dem Betrachter des Kunstwerkes geradewegs ins Gesicht. Auch wir sind angesprochen, auf unsere innere Stimme zu hören und ihr zu trauen. Gott macht sein Kommen in die Welt abhängig von der ungeteilten Zustimmung einer Frau und eines Mannes. Das hört nicht auf: Bis in alle Zeiten will er in den Herzen der Menschen Fleisch annehmen. Doch Gottes Geburt in uns verlangt, Stall und Krippe für ihn zu sein. Gott wartet auf unser ganzheitliches, handfestes JA dazu. Wir können kaum ermessen, welch eine Freiheit er uns damit zutraut und schenkt, aber auch zumutet.

TRÄUMER

JOSEPH

Joseph
Manche mögen dich als Träumer bezeichnen
Ein Mann der auf Engelsstimmen hört
Und die Schande der Frau deckt
Die ihn doch ganz offensichtlich betrogen hat
So einer muss doch vollkommen verrückt sein

Joseph
Gott sei Dank warst du ein Träumer
Ein Mann mit wachem Herzen
Mit Vertrauen das Wunder ermöglicht
Gott sei Dank warst du ein Verrückter
Einer der das gängige Bild
Vom starken Mann verrückte
Zurechtrückte

Joseph
Du gehst so unter in der rührseligen Stimmung
Die an Weihnachten die Menschen ergreift
Dabei hätte es ohne dich den Träumer
Die Heilige Nacht nicht gegeben
Gott suchte einen Vater für seinen Sohn
Und Gott wählte dich Joseph
Weil du mit traumwandlerischer Sicherheit
Der Stimme seines Boten folgtest

Der Engel bei Joseph

Mit der Geburt Jesu Christi aber verhielt es sich so: Als seine Mutter Maria mit Joseph verlobt war, stellte es sich heraus, noch ehe sie zusammengekommen waren, dass sie vom heiligen Geist guter Hoffnung war.
Da fasste Joseph, ihr Verlobter, der ein rechtschaffener Mann war und sie nicht in üblen Ruf bringen wollte, den Entschluss, sich ohne Aufsehen zu erregen von ihr loszusagen.
Doch als er sich mit solchen Gedanken trug, siehe, da erschien ihm ein Engel des Herrn im Traum und sagte zu ihm: »Joseph, Sohn Davids, trage keinerlei Bedenken, Maria, deine Verlobte, als Ehefrau zu dir zu nehmen! Denn das von ihr zu erwartende Kind stammt vom heiligen Geist. Sie wird Mutter eines Sohnes werden, dem du den Namen Jesus geben sollst; denn er ist es, der sein Volk von ihren Sünden erretten wird.«
Dies alles ist aber geschehen, damit das Wort erfüllt würde, das der Herr durch den Propheten gesprochen hat, der da sagt: »Siehe, die Jungfrau wird guter Hoffnung und Mutter eines Sohnes werden, dem man den Namen Immanuel geben wird«, das heißt übersetzt: ›Mit uns ist Gott.‹
Als Joseph dann aus dem Schlaf erwacht war, tat er, wie der Engel des Herrn ihm geboten hatte: er nahm seine Verlobte als Gattin zu sich, verkehrte aber nicht ehelich mit ihr, bis sie einen Sohn geboren hatte; dem gab er den Namen Jesus.

Matthäus 1,18-25

Zumutung

Wir sind es gewohnt, die meisten Entscheidungen rational zu treffen. Das Bauchgefühl ernst zu nehmen, auf Träume zu hören, an mehr als nur an Sicht- und Greifbares zu glauben, kommt uns in unserer modernen Zeit rückständig, esoterisch, ganz schön verrückt vor. Hinter scheinbarem Zufall das Wirken einer höheren Macht, eines persönlichen Gottes zu sehen, wird von vielen Menschen schroff abgelehnt.

Eine Mehrheit, auch unter Christen, lässt sich in seinem Leben weniger davon beeindrucken, dass Gott Mensch wurde, als vom Zeitgeist, der den Glauben an das Wirken Gottes in dieser Welt anzweifelt oder schlicht leugnet. Und so wird Weihnachten zu einem Fest des schönen Scheins mit sentimentaler Musik, immer aufwendigeren Dekorationen und stimmungsvoller Beleuchtung. Die stille heilige Nacht der Liebe geht schallend unter im Kling-Glöckchen-Kling, in flirrendem Zauberglanz und im Kommerz- und Konsumrausch.

Sentimental und stimmungsvoll waren die Umstände der Geburt des Kindes Jesus ganz sicher nicht: Da ist ein heranwachsendes Mädchen, dem ein Engel erscheint und ihm eröffnet, Gott habe Großes mit ihm vor. Ein Kind soll Maria gebären, das Sohn des Höchsten genannt werden soll. Ihre Furcht über die Anrede und die Botschaft kann nur erahnen, wer sich tief im Innersten auf ihr Erschrecken einlässt.

Versuchen wir, uns in Maria hinein zu versetzen: Sie ist Joseph versprochen. Die Familien der beiden jungen Leute haben die Verbindung nach jüdischer Sitte arrangiert. Eine Verlobung, etwa im Alter von zwölf Jahren, hatte in alttestamentlicher Zeit den bindenden Status einer schon rechtsgültig geschlossenen Ehe. Ganz selbstverständlich war damit die Erwartung verknüpft, dass die Braut unberührt bleibt, bis der Bräutigam sie, spätestens wenn sie das 15. Lebensjahr erreicht hat, in sein Haus holt. In der dazwischen liegenden Wartezeit bereitete sich das Mädchen auf das Leben als Ehefrau vor. Eine Verlobung zu brechen, bedeutete für alle Beteiligten Ehrverlust und Schmach. Ein intimes Verhältnis mit einem anderen Mann wurde deshalb nach damaligem Recht in der Regel als Ehebruch mit dem Tod durch Steinigung bestraft.

Unter diesen Vorzeichen sollte Maria nun dem Engel eine Antwort geben. Was für eine Zumutung!

Maria ist sich sehr im Klaren darüber, welche Folgen ihre Zustimmung haben kann. Doch sie erwägt die Worte des Engels und wehrt die Botschaft nicht sofort ab. Sie fragt, wie dies geschehen soll. Sie scheint sich der Freiheit bewusst zu sein, die Gott ihr lässt, seiner Anfrage zuzustimmen oder sie abzulehnen.

Wäre die Antwort ein spontan entschiedenes, ein erschrockenes und entsetztes NEIN gewesen – wer könnte das nicht verstehen!

Der Engel bei Maria

Im sechsten Monat aber wurde der Engel Gabriel von Gott nach Galiläa in eine Stadt namens Nazareth gesandt zu einer Jungfrau, die mit einem Manne namens Joseph aus dem Hause Davids verlobt war; die Jungfrau hieß Maria.
Als nun der Engel bei ihr eintrat, sagte er: »Sei gegrüßt, du Begnadete: der Herr ist mit dir!« Sie wurde über diese Anrede bestürzt und überlegte, was dieser Gruß zu bedeuten habe.
Da sagte der Engel zu ihr: »Fürchte dich nicht, Maria, denn du hast Gnade bei Gott gefunden! Wisse wohl: du wirst guter Hoffnung werden und Mutter eines Sohnes, dem du den Namen Jesus geben sollst. Dieser wird groß sein und Sohn des Höchsten genannt werden, und Gott der Herr wird ihm den Thron seines Vaters David geben, und er wird als König über das Haus Jakobs in alle Ewigkeit herrschen, und sein Königtum wird kein Ende haben.«
Da sagte Maria zu dem Engel: »Wie soll das möglich sein? Ich weiß doch von keinem Manne.«
Da gab der Engel ihr zur Antwort: »Heiliger Geist wird über dich kommen und die Kraft des Höchsten dich überschatten; daher wird auch das Heilige, das geboren werden soll, Gottes Sohn genannt werden. Und nun vernimm: Elisabeth, deine Verwandte, ist ebenfalls trotz ihres hohen Alters mit einem Sohn gesegnet und steht jetzt schon im sechsten Monat, sie, die man unfruchtbar nennt; denn bei Gott ist kein Ding unmöglich.«
Da sagte Maria: »Siehe, ich bin des Herrn Magd: mir geschehe nach deinem Wort!« Damit schied der Engel von ihr.

Lukas 1,26-38

Menschwerdung

Mensch wolltest du werden
Du großer unbegreiflicher Gott

Mensch unter Menschen
Mensch wie wir
In allem uns gleich

Und doch bist du Gott
Gott und Mensch
Zu groß ist dieses Geheimnis
Wie könnten wir es je erfassen

Kamst du deshalb als Kind zur Welt
Geboren von einer Frau
Von Maria deiner Mutter
Angenommen von einem Mann
Von Josef der dir Vater wurde

Damit die Härte unserer Herzen
Aufbreche im Jubel der geweihten Nacht
Und wir menschlich werden
Schwesterlich brüderlich mütterlich väterlich
Und in uns das Gesicht Gottes aufstrahle
Weil du in uns geboren wirst

ZUSTIMMUNG

Wie groß muss das Vertrauen Marias zu JAHWE sein, dass sie in voller Freiheit und im klaren Bewusstsein der möglichen Konsequenzen ihre Zustimmung zu seinem Plan mit ihr gibt. Sie glaubt der Zusage des Engels, dass bei Gott nichts unmöglich und er treu und verlässlich ist.

Für Joseph kommt das JA seiner Verlobten einem Erdbeben gleich, das sein bisheriges, gegenwärtiges und künftiges Leben, das so wohlgeordnet schien, tief erschüttert. Danach ist nichts mehr, wie es war. In der Beschäftigung mit seiner Person wird dieser Mann unser Herz berühren: Joseph, der dem Sohn Mariens, so wie es der Engel ihm geboten hat, den Namen Jesus gibt und damit rechtlich die Vaterschaft für ihr Kind annimmt. Versuchen wir, seine Betroffenheit, seine Ratlosigkeit, seine Wut, seine Verzweiflung und seine Traurigkeit, aber auch seine Suche nach einer Lösung, mitzufühlen! Wir werden staunend einen Menschen kennenlernen, der so ganz anders vorgeht, als es Verstand und gekränkte Emotion erwarten lassen. Joseph sinnt nicht auf Rache, sondern gehorcht der Eingebung seines Gewissens und handelt damit entgegen Gesetz und Tradition. Joseph scheint ein Mann zu sein, der in sich selbst gefestigt ist. Seine männliche Seite übertönt nicht die leiseren weiblichen Anteile seines Wesens. Er ist offen genug, die Stimme des Engels im Traum zu hören und ernst zu nehmen. Nach sicherlich großen inneren Kämpfen gelingt es ihm, glaubend mit Maria den Weg zu gehen, den Gott für sie beide vorgesehen hat.

Sei gesegnet

SEGEN

Sei gesegnet in deinem Leib
Der Erde verwurzelt
Ausgestreckt zum Himmel

Sei gesegnet in deinem Geist
Quelle der Vernunft
Fähig zu Erkenntnis und Willen

Sei gesegnet in deiner Seele
Aus göttlichem Odem
Bild und Gleichnis des Schöpfers

Sei gesegnet in deinen Beziehungen
In Liebe und Sorge verbunden
Mitmenschlich und fruchtbar

Sei gesegnet in deinen Lebenskrisen
In Angst und Verzweiflung
In Trauer und Schmerz

Sei gesegnet in deiner Lebenslust
Singend und tanzend
In Freude und Glück

Sei gesegnet du Menschenkind
Sei gesegnet du Gotteskind
Sei gesegnet in all deiner Menschlichkeit

Erich Gillmann gestaltet das Relief mit der Geburtsszene sehr berührend. Joseph füllt die rechte Hälfte des Bildes aus. Er ist mit seinem ganzen Körper fest und stabil wie ein Haus. Den rechten Arm legt er dachförmig über Mutter und Kind. Der Stock in seiner Rechten trägt frische Triebe und verwurzelt sich wie ein junger Baum in den Boden. Damit bildet er eine Wand für den Stall, in dem Maria ihren Sohn ganz nahe am Herzen hält. Wie in einer Wiege birgt sie Jesus in ihrem linken Arm. Die langgestreckten Finger zeigen leicht nach oben und bilden über ihren Schleier hinweg einen sanften Bogen zu den Fingern Josephs, die den Stab halten. Marias Beine wirken wie die Blätter einer Blume, die – in Mutter und Kind – eine kostbare Blüte hervorbringt.

Wenn ich diese Darstellung der Heiligen Familie betrachte, kommt mir in Josephs Gesicht die ganze Zärtlichkeit und Liebe entgegen, die er wohl ausgestrahlt haben muss. Und mich berührt die gefestigte Zartheit, die in seiner gesamten Haltung zu spüren ist, in dem Selber-Stall-Sein, in dem starken Zelt, das er mit seinem ganzen Wesen für seine Frau und für Jesus baut.

WIE EIN ZELT

JOSEPH

Joseph
Um dich einschätzen zu lassen
Um gezählt zu werden
Gehst du zurück in deine Heimatstadt
Deine Gefährtin bringst du mit
Die das Ungeborene in sich trägt

Joseph
In Bethlehem angekommen
Musst du feststellen
In den etablierten Herbergen
Ist kein Platz für euch
In einem Stall wird der Erlöser geboren

Joseph
Wieviel Zärtlichkeit strahlst du doch aus
Wie ein Zelt birgst du in deinem Arm
Deine Frau und das Kind
Wie in einem Zelt aus Liebe
Schenkst du ihnen Sicherheit und Wärme
Wie ein Zelt gibst du Schutz
Dem Wunder der Heiligen Nacht

Joseph
Wenn die Stimme Gottes ruft
Ruft sie mich in die Tiefe meines Seins
Dort werde ich eingeschätzt und gezählt
Werden meine Sicherheiten in Frage gestellt
Ich muss mich auf - machen
Damit seine Geburt in mir geschieht

VERTRAUEN

Maria
Wie groß muss das Vertrauen
Zu deinem Gott sein
Dass du fähig bist
Dein JA zu seiner Zumutung zu geben
In großer Freiheit

Maria
Wie mutig musst du sein
Trotz des Wissens
Was für dich auf dem Spiel steht
Das Wort des Engels zu erwägen
Und ihm zu glauben

Maria
Wie begnadet musst du sein
Auserwählt unter den Frauen
Zu empfangen Gottes Sohn
Wie demütig musst du sein
Um sagen zu können
Ich bin die Magd des Herrn
Mir geschehe nach deinem Wort.

Maria
Wie blind und taub müssen wir sein
Das Wunder der Heiligen Nacht
Im Stall von Bethlehem
Zu tauschen gegen ein Weihnachtszirkuszelt
In künstlichem Lichterglanz
Und falschem Glockenklang

Die Geburt Jesu Christi

Es begab sich aber in jenen Tagen, dass eine Verordnung vom Kaiser Augustus ausging, es solle eine Volkszählung im ganzen römischen Reich vorgenommen werden. Es war dies die erste Zählung, die zu der Zeit stattfand, als Quirinius Statthalter in Syrien war. Da machten alle sich auf, um sich in die Listen eintragen zu lassen, ein jeder in seinem Ort. So zog denn auch Joseph von Galiläa aus der Stadt Nazareth nach Judäa hinauf nach der Stadt Davids, die Bethlehem heißt, weil er aus Davids Hause und Geschlecht stammte, um sich daselbst mit Maria, seiner jungen Ehefrau, die guter Hoffnung war, einschätzen zu lassen. Während ihres dortigen Aufenthalts kam aber für Maria die Stunde ihrer Niederkunft, und sie gebar ihren ersten Sohn, den sie in Windeln wickelte und in eine Krippe legte, weil es sonst keinen Platz in der Herberge für sie gab.

Lukas 2,1-7

Pilgerschaft

Mit der schwangeren Maria ist Joseph zu Fuß unterwegs in seine Geburtsstadt Bethlehem, der Stadt Davids. Der römische Kaiser, Herrscher des weltlichen Imperiums, will seine Untertanen einschätzen lassen, gezählt sollen sie werden.

Wie Joseph sind alle Menschen der Welt in Staats- und Rechtssysteme eingebunden. Für die meisten Bewohner dieser Erde bedeutet das auch heute noch, in physischen, psychischen oder geistigen Fesseln gefangen zu sein. Der Selbstbestimmtheit beraubt, erleben sie sich in ihren Entfaltungsmöglichkeiten eingeschränkt und gehemmt oder sogar brutal daran gehindert. Aber auch nahezu alle, die in demokratischen Strukturen leben, werden in oft kaum durchschaubarer Weise in ihrer Wahl- und Entscheidungsfreiheit beeinflusst, so dass die meisten gar nicht merken, wie sehr sie zu Knechten des Zeitgeistes und zu Kommerz- und Konsumsklaven geworden sind.
Die Despoten, die uns einschätzen lassen, damit wir für ihre Ziele und Zwecke gezählt werden können, heißen heute nicht mehr nur Kaiser und Könige, Regierungschefs oder Präsidenten. Ihre Namen lauten Google, Microsoft, Amazon, Facebook, Syndikat, Kartell, Konzern, Börsenkurs, Lobbyist. Angetrieben von der Gier nach Macht und Geld, nach Ruhm und Beifall agieren ihre Macher als Meister im Blenden und Täuschen der Massen. Fundamentalismus in jeder Form, psychische und physische Gewalt, Verführung und Missbrauch, offene oder subtile Manipulationen sind Mittel, derer sie sich bedienen. Es bleibt schwer, sich dem Sog dieser Kräfte zu entziehen oder gar entgegenzustellen, und für einen Großteil der Menschheit ist es schlichtweg unmöglich.

Wie Joseph für Maria und das Neugeborene Schutz und Zelt war, so braucht jeder, gerade in Zeiten des Umbruchs, Begleiter, die ihn halten, aushalten, ihn stützen und ihm eine bergende Hand reichen. Die Entscheidung für den Anruf Gottes, für die ureigene Bestimmung, findet nicht unbedingt Gefallen in der Gesellschaft, in der beruflichen und persönlichen Umgebung. Arbeitgeber, Familien, Freunde reagieren häufig verstört, wenn Menschen sich aus einer stromlinienförmigen Anpassung lösen, um ihrer eigenen Lebensspur zu folgen. Einsamkeit und starke Gefühle der

Heimatlosigkeit können dann sehr belastend werden. Aber nur unsere ungeteilte Zustimmung zur Nachfolge führt in die Freiheit, die individuelle Berufung zu leben.

Gleichsam mit Maria und Joseph bin ich aufgerufen, auf meine innere Stimme zu hören und mich auf die Reise zu mir selbst zu machen. Das ist keine leichte, das ist über weite Strecken eine bittere, eine schmerzliche Pilgerschaft. Sie konfrontiert mich mit meinen Verletzungen, meinen Narben, meinem Versagen, meiner Schuld und mit der Scham, meine Möglichkeiten, meine Stärken, meine Kraft nicht ausgeschöpft, meine Talente vergraben zu haben. Auf diesem Pfad der Selbstwerdung kann ich mich der Aufgabe nicht entziehen, das Helle und Dunkle meiner Persönlichkeit wahr- und anzunehmen, damit Integration und Heilung möglich werden. Nur dann wird uns Schritt für Schritt geschenkt, dass eigene Vorstellungen, Pläne, Wünsche in neuem Zusammenhang erscheinen und Überschätzung, Süchte, Abhängigkeiten und Rollenbilder kleiner und unbedeutender werden. Und dankbar erkenne ich immer mehr, dass in mir schon der Keim des Geheimnisses, des Heiligen wächst, weil nur im Stall unseres Herzens Neugeburt geschieht.

So wie ich bin

GEBET

So wie ich bin
Komme ich zu dir
Trage in mir
Meine Stärke
Meine Freude
Meine Sehnsucht
Meine Träume

So wie ich bin
Will ich mich zeigen
Schäme mich nicht
Meiner Schwachheit
Meiner Traurigkeit
Meiner Wunden
Meiner Enttäuschungen

So wie ich bin
Komme ich zu dir
Und bitte dich
Zeige mir den Weg
Öffne mein Herz
Für deine Stimme
Für deinen Blick
Für deine Liebe

Neugeburt

Lukas erwähnt JOSEPH in seinem Bericht über die Geburt Jesu ganz explizit als Handelnden. Wie alle Männer seiner Zeit muss er sich in den Ort seiner Vorfahren begeben, um sich erfassen zu lassen. So zieht er hinauf nach Judäa, nach Bethlehem, der Stadt Davids. Mit ihm geht, so wird uns gesagt, *Maria, seine junge Ehefrau, die guter Hoffnung war* (vgl. Lukas 2,5).

Wir hören: Joseph hat Maria als seine ihm angetraute, ihm anvertraute Frau angenommen und mit ihr das Kind, das in ihr wächst. Wir wissen nicht, wie sehr er auf dieser Reise mit Zweifeln zu kämpfen hatte, ob die Stimme des Engels im Traum nicht doch nur ein Hirngespinst gewesen sei und es töricht war, ihr zu vertrauen. Es wäre verständlich. Aber auf einem gemeinsamen langen und beschwerlichen Weg zeigt sich, wie ein Miteinander-Weiter-Gehen möglich, oder ob vielleicht eine Trennung nötig ist. Ich kann mir vorstellen, dass sich die beiden frischvermählten Menschen unterwegs in schönen und beglückenden, aber auch in schwierigen Momenten neu kennengelernt haben und ihre Liebe dabei gereift und gewachsen ist.

In der Herberge war kein Platz für das junge Paar, erzählt Lukas. Wie schmerzlich wird es für Joseph gewesen sein, Maria nur einen armen Stall für die Niederkunft organisieren zu können. Und wie mag er sich bemüht haben, seiner Frau beizustehen bei der Geburt des Kindes unter primitivsten Verhältnissen.

In der Legendenbildung zur Heiligen Nacht erscheint Joseph fast immer als Nebenfigur. Wir finden in liebevoll und üppig ausgestalteten Krippendarstellungen selbstverständlich Ochs und Esel, Hirten und Schafe und auch die drei Könige aus dem Morgenland mit ihren Gaben Gold, Weihrauch und Myrrhe. Maria kniet vor der Krippe mit dem Kind – und Joseph steht, häufig als alter Mann mit Stock und weißem Bart dargestellt, unscheinbar im Hintergrund. Gerade die Laterne darf er noch halten. Joseph also unbedeutend? Wirklich? Doch wie hätte die schwangere Maria in der damaligen Zeit überleben können? Ohne Ehemann wäre Maria eine Geächtete und ihr Sohn ein Kind der Schande gewesen. Hinzu kommt, dass unzählige Menschen wegen des Zensus´ wie Maria und Joseph unterwegs waren und auf der Suche nach einer Unterkunft und etwas Essbarem umherirrten. Eine Frau ohne männlichen

Schutz wäre mit Sicherheit größter Gefahr für Leib und Leben ausgesetzt gewesen. In Joseph hatte Maria einen starken Beistand. Nicht nur deshalb gehört dieser Mann ganz essenziell zur Heilsgeschichte JAHWEs, die in der Geburt des Gottessohnes Jesus ein menschliches Antlitz bekam.

SEGEN

Vertrauen

Guter Gott

Wir bitten dich um deinen Segen
Wenn unsere Pläne zerbrechen
Wenn unser Leben am Scheideweg scheint
Wenn wir nicht mehr weiterwissen

Wir bitten dich um deinen Segen
Damit wir unserer Herzensstimme trauen
Damit wir auf unsere Träume hören
Damit wir Augenscheinliches hinterfragen

Wir bitten dich um deinen Segen
Um neue Hoffnung zu schöpfen
Um an das Gute zu glauben
Um die Liebe zu leben

Wir bitten dich um deinen Segen
Weil wir glücklich sein möchten
Weil wir uns Geborgenheit wünschen
Weil wir darauf vertrauen
Dass mit dir unser Leben gelingt

Die Hirten und die Engel

Nun waren Hirten in derselben Gegend auf freiem Felde und hielten in jener Nacht Wache bei ihrer Herde. Da trat ein Engel des Herrn zu ihnen, und die Herrlichkeit des Herrn umleuchtete sie, und sie gerieten in große Furcht.
Der Engel aber sagte zu ihnen: »Fürchtet euch nicht! Denn wisset wohl: ich verkündige euch große Freude, die dem ganzen Volke widerfahren wird; denn euch ist heute ein Retter geboren, welcher ist Christus, der Herr, in der Stadt Davids.
Und dies sei das Erkennungszeichen für euch: Ihr werdet ein neugeborenes Kind finden, das in Windeln gewickelt ist und in einer Krippe liegt.« Und plötzlich war bei dem Engel die Menge der himmlischen Heerscharen, die Gott priesen mit den Worten: »Ehre sei Gott in Himmelshöhen und Friede auf Erden in den Menschen des Wohlgefallens!« Als hierauf die Engel von ihnen weg in den Himmel zurückgekehrt waren, sagten die Männer, die Hirten, zueinander: »Wir wollen doch bis Bethlehem hinübergehen und uns die Sache ansehen, die sich dort begeben hat und die der Herr uns hat verkünden lassen!« So gingen sie denn eilends hin und fanden Maria und Joseph, dazu das Kind, das in der Krippe lag. Als sie es gesehen hatten, teilten sie ihnen die Verkündigung mit, die sie über dieses Kind vernommen hatten; und alle, die es hörten, verwunderten sich über den Bericht der Hirten. Maria aber bewahrte alle diese Mitteilungen im Gedächtnis und bedachte sie in ihrem Herzen. Die Hirten aber kehrten wieder zurück; sie priesen und lobten Gott für alles, was sie gehört und gesehen hatten genau so, wie es ihnen verkündigt worden war.

Lukas 2,8-20

Erich Gillmann hat diese Szene ganz eigenartig angelegt: Joseph steht am rechten Rand. Sein Blick wirkt wie nach innen gerichtet, dennoch ist er hellwach und sehr präsent da. Seinen Stab hält er wie eine Zeltwand hinter dem Rücken einer jugendlichen Person, die vor im sitzt.

Es ist nicht ganz eindeutig, wen sie darstellen soll. Ist es ein Mann, ist es eine Frau? Ist es ein Hirte, dem gerade der Engel von dem unglaublichen Ereignis in Bethlehem erzählt? Oder soll es einer der drei Magier aus dem Osten sein? Mehrere Interpretationen wären möglich. Die obere linke Hälfte des Reliefs füllt ein Engel aus, der über den Köpfen dreier Kamele wie ein Wolkengebilde schwebt. Die rechte Hand hält der Gottesbote schützend über Gesicht und Haupt der unbekannten Gestalt. Der linke Arm des Engels bewegt sich zu Joseph hin, die Hand wölbt sich wie zum Segen über dessen rechtes Ohr. Eingerahmt von Josephs Stab und dem abgewinkelten dachförmigen rechten Arm des Engels ruht der junge Mensch wie in einem Haus oder Kokon. So gehalten und geborgen scheint er bereit zu sein für den Anruf Gottes. Tiefer Friede spricht aus seinem Gesicht.

Vielleicht soll diese Figur Symbol sein für alle Menschen guten Willens, denen die himmlischen Heerscharen zujubeln*: Ehre sei Gott in der Höhe und Friede auf Erden in den Menschen seines Wohlgefallens!*

Maria und das Kind sind in dieser Darstellung nicht zu sehen. Aber Joseph, der standfeste Mann im Hintergrund, scheint das Geheimnis der Gottesgeburt im Herzen zu tragen und aus diesem Erleben heraus, fähig zu sein, Schutz und Schild für andere zu werden.

JOSEPH

SCHUTZ

Joseph
Du scheinst am Rande zu stehen
Aber du bist ganz präsent
Deine Augen sind nach innen gerichtet
Und doch sind sie hellwach
Aus deinem Gesicht spricht tiefes Wissen

Joseph
Du scheinst am Rande zu stehen
Aber du gibst dem Bild den Rahmen
Stehst da mit deinem Stock
Bist Sicherheit und Schutz
Der Stimme des Engels ganz nah

Joseph
Auf dich ist Verlass
Komme was da wolle
Gutes oder Bedrohliches
Unfassbares oder Gewöhnliches
Du stehst nicht am Rand
Bist mitten drin im Heilsgeschehen

Fürchtet euch nicht

Die Männer, die uns in der Darstellung des Evangelisten Lukas begegnen, sind offen geblieben für das Wunder, das in der Heiligen Nacht geschieht. Sie können Vorbild für alle Menschen guten Willens sein, die nicht nur aus ihrer eigenen Stärke und Kraft leben, sondern um ihre Bedürftigkeit wissen und das Verlangen nach Heil tief in sich noch nicht verdrängt haben.

Gott sucht uns. Seine Sehnsucht ist der Mensch, wie Augustinus sagt. Gottes Sehnsucht nach Eins-Sein mit uns geht so weit, dass er selbst Mensch wird. Mensch unter Menschen, einer wie wir. Nichts Menschliches ist ihm fremd. Er kennt unsere Schwächen, unsere Unzulänglichkeiten, er weiß um unsere Verstockt- und Verschlossenheit und um unsere Härte. Er weiß aber auch um unser ehrliches Mühen, um unser Streben nach Gerechtigkeit, um unser Sehnen nach Ganz-Sein und um unsere Suche nach dem Allmächtigen. Dieses *auf-Gott-hin-bezogen-Sein* hat er selbst uns ins Herz gelegt, denn wir sind nach seinem Bild und Gleichnis geschaffen. Augustinus bringt dies im ersten Buch seiner Confessiones so zum Ausdruck: *Und dennoch will dich loben der Mensch, selbst ein Teil deiner Schöpfung. Du selbst veranlasst ihn, in deinem Preis eine Wonne zu suchen, denn geschaffen hast du uns im Hinblick auf dich, und unruhig ist unser Herz, bis es ruhet in dir.*

Vielfältig, individuell, einzigartig wie wir sind, ist aber doch jede und jeder von uns auf ein DU, auf ein Gegenüber, angewiesen. Nur im Spiegel des anderen sind wir fähig, zunächst uns selbst und dann im Nächsten und in der ganzen Schöpfung das Bild Gottes zu entdecken. Und wie oft brauchen wir einen menschlichen oder geistlichen Engel, um das Unsichtbare zu sehen, das Unhörbare zu hören und das Undenkbare zu wagen.

Hier ist es Joseph, der in Entscheidungssituationen dem Boten des Herrn in seinen Träumen traut. Dort sind es Männer auf dem Feld, denen der Engel und die himmlischen Heerscharen erscheinen, während sie bei ihren Schafen Nachtwache halten, also mitten in ihrem ganz gewöhnlichen Alltag.

Meist ist es die Dunkelheit, in der das Geheimnis uns begegnet und aufschließt für das Numinose, das unabweisbar Heilige, das uns verwandeln wird.

Von den Hirten erzählt Lukas, dass ein großer Glanz, dass die Herrlichkeit des Herrn sie umstrahlt und in Furcht versetzt hat. In diesen Schrecken hinein spricht der Engel: *Fürchtet euch nicht, denn siehe, ich verkünde euch eine große Freude, die dem ganzen Volk zuteilwerden soll: Heute ist euch in der Stadt Davids der Retter geboren; er ist der Christus, der Herr. Und das soll euch als Zeichen dienen: Ihr werdet ein Kind finden, das, in Windeln gewickelt, in einer Krippe liegt* (Lukas 2,10-12).

In die Nacht der Hirten – raue Gesellen, von den Etablierten, von der Elite des Volkes Israel gemieden und verachtet – bricht Licht, bricht DAS LICHT ein: *Und das Licht leuchtet in der Finsternis, und die Finsternis hat es nicht begriffen* (Johannes 1,5). Und staunend werden sie von diesem Glanz gleichsam eingehüllt und in den Jubelgesang der himmlischen Heerscharen eingestimmt.

Was sie erleben ist so groß und überwältigend, dass sie gar nicht anders können, als gemeinsam nach Bethlehem zu ziehen, um sich selbst von der Wahrheit der Botschaft des Engels zu überzeugen. Dort werden sie, die einfachen Hirten, Verkünder dessen, was über dieses Kind gesagt worden ist. Und alle, die es hören, verwundern sich, verwundern sich angesichts des Wunders. Danach kehren die Männer als Verwandelte wieder zurück zu ihren Herden, in ihren ganz unspektakulären grauen Alltag. Aber als neue Menschen, das Herz bis oben hin angefüllt mit Dankbarkeit und Lobpreis für Gott.

Von Maria lesen wir, dass sie die Worte der Hirten im Gedächtnis bewahrt und in ihrem Herzen bewegt hat. Im Herzen bewegen bedeutet mehr, als nur über etwas nachzudenken. Im Herzen bewegen meint, mit unseren inneren Sinnen das Bewegende zu hören, zu sehen, zu riechen, zu schmecken und zu fühlen – meint, das ganze Sein davon berühren zu lassen.

Auch wenn dies von Joseph so nicht ausdrücklich gesagt wird, bin ich überzeugt, die Geburt im Stall, die Verkündigung der Hirten, das Wunder der Nacht werden ihn nie mehr losgelassen und ihn im Tiefsten geheilt und geheiligt haben.

Getragen

GEBET

Gottes Sohn

Menschen hast du dich anvertraut
Einer Frau und einem Mann
Ganz eingelassen hast du dich
Auf unser Mensch-Sein
Von Anfang an

Wurdest neun Monate getragen
Im Schoss deiner Mutter
Geboren gestillt versorgt geliebt
Du wolltest bedürftig sein wie wir
In einer Familie geborgen und erzogen

Dir dürfen wir uns anvertrauen
Dir unserem Gott
In unserem Mensch-Sein
In unserer Bedürftigkeit
In unserer Sehnsucht nach Heil

Die Magier

Als nun Jesus zu Bethlehem in Judäa in den Tagen des Königs Herodes geboren war, da kamen Weise aus dem Osten nach Jerusalem und fragten: »Wo ist der neugeborene König der Juden? Wir haben nämlich seinen Stern im Aufgehen gesehen und sind hergekommen, um ihm unsere Huldigung darzubringen.« Als der König Herodes das vernahm, erschrak er sehr und ganz Jerusalem mit ihm; und er ließ alle Hohenpriester und Schriftgelehrten des Volks zusammenkommen und erkundigte sich bei ihnen, wo Christus geboren werden sollte. Sie antworteten ihm: »Zu Bethlehem in Judäa; denn so steht bei dem Propheten geschrieben: ›Du, Bethlehem im Lande Judas, du bist durchaus nicht die unbedeutendste unter den Fürstenstädten Judas; denn aus dir wird ein Führer hervorgehen, der mein Volk Israel weiden wird.‹« Daraufhin berief Herodes die Weisen heimlich zu sich und ließ sich von ihnen genau die Zeit angeben, wann der Stern erschienen wäre; dann wies er sie nach Bethlehem und sagte: »Zieht hin und stellt genaue Nachforschungen nach dem Kindlein an; und wenn ihr es gefunden habt, so teilt es mir mit, damit auch ich hingehe und ihm meine Huldigung darbringe.« Als sie das vom Könige gehört hatten, machten sie sich auf den Weg; und siehe da, der Stern, den sie im Osten gesehen hatten, ging vor ihnen her, bis er endlich über dem Ort stehen blieb, wo das Kindlein sich befand. Als sie den Stern erblickten, wurden sie hoch erfreut. Sie traten in das Haus ein und sahen das Kindlein bei seiner Mutter Maria, warfen sich vor ihm nieder und huldigten ihm; alsdann taten sie ihre Schatzbeutel auf und brachten ihm Geschenke dar: Gold, Weihrauch und Myrrhe. Weil sie hierauf im Traume die göttliche Weisung erhielten, nicht wieder zu Herodes zurückzukehren, zogen sie auf einem anderen Wege in ihr Heimatland zurück.

Matthäus 2,1-12

Sterndeuter

Wir alle sind Suchende, Suchende nach dem tiefsten Sinn unserer Existenz, nach dem Atem Gottes in uns. Wahrscheinlich werden uns im Laufe unseres Lebens immer wieder Menschen, Botschaften, Erfahrungen geschickt, die die Sehnsucht nach dem uns gemäßen eigenen Weg neu ahnen, neu aufbrechen lassen. Manchmal übersehen wir diese Zeichen, nehmen die Fingerzeige nicht wahr. Manchmal folgen wir ihnen aber auch wie einem besonders hellen Stern, denn wir spüren, dass sie uns zum Heil führen wollen. Doch wie oft bleiben wir auf halber Strecke stehen, weil wir glauben, selbst am besten zu wissen, wo es lang geht! Wir versuchen, in alten Mustern verhaftet, mit eigener Stärke, eigener Kraft, eigener Macht, alles unter Kontrolle zu halten. Und so verlieren wir die Orientierung und sitzen dem Selbstbetrug auf, der suggeriert, mit Verleugnung und Verdrängung von Schwachheit und Schuld, unsere Wichtigkeit im Spiel der Rollen bewahren zu können. Gott wird dafür scheinbar nicht gebraucht.

Bitten wir darum, dass wir hellwach sind, wenn der Stern, der unserem Leben eine Wende geben kann, am Horizont unserer Hoffnung aufscheint. Bitten wir darum, dass wir ihm vertrauensvoll folgen, tief in unsere Gebrochenheit hinein, denn da begegnen wir dem wahren Licht. Es kann unsere Schwäche wandeln in Würde, weil Gott selbst schwaches Menschenkind wurde, damit wir mit ihm als göttliche Menschenkinder heute und jeden Tag neu auferstehen können.

Matthäus berichtet uns von solchen Suchenden, die als innerlich Erkennende sensibel für das Geschehen in der Welt sind. Die Männer, die im Osten einen neuen Stern haben aufgehen sehen, sind hochgebildete, in der Astronomie bewanderte Gelehrte. Nach den Überlieferungen ihrer Kulturen wird die Geburt eines Gottes, eines überragenden Menschen, eines Königs, eines Herrschers angezeigt, wenn eine außergewöhnliche Sternenkonstellation das Dunkel der Nacht erhellt. Mit diesem Wissen machen sie sich aus ihrer Heimat auf. Mehr als tausend Kilometer weit lassen sie sich von der geheimnisvollen Himmelserscheinung nach Westen führen. Wie selbstverständlich suchen sie das erwartete Königskind in einem Umfeld, das in ihren Augen dem herausragenden Ereignis angemessenen ist. Ihr Weg führt sie deshalb nach Jerusalem in den Königspalast. Doch hier verschwindet der Stern von der Bildfläche. Damit beginnt das Dilemma.

Tief in der menschlichen Psyche ist die Furcht vor Kontroll- und Reputationsverlust verankert. Gerade Machthaber sind in Gefahr, von dieser Angst geradezu besetzt und gesteuert zu werden. Die Ankunft der Männer, die dem Stern gefolgt sind und nach dem neugeborenen König der Juden fragen, beunruhigt Herodes und lässt ihn um seinen Führungsanspruch bangen. Er erschrickt und mit ihm das ganze Volk. Panik treibt ihn an: Er muss unverzüglich handeln, muss verhindern, dass ihm ein anderer die Herrschaft streitig machen könnte. Und dabei geht er systematisch vor:

- Er manipuliert das Volk, indem er sein Erschrecken auf die Menschen überträgt und sie damit lähmt.
- Er bindet die Gebildeten in sein Angstgeflecht ein: Er ruft die Elite seines Volkes zu sich, die erforschen soll, woher die Gefahr droht. Obwohl die Ältesten und Schriftgelehrten belegen, dass vom Messias die Rede ist, auf den Israel seit Urzeiten wartet, reift ihr Wissen nicht zum Glauben. Und so werden sie zu Mitschuldigen des Despoten.
- Indem der König arglistig versucht, die Fremdlinge zu Verbündeten zu machen, will er verhindern, dass die Magier seine Pläne durchschauen könnten. Er horcht sie aus und entlockt ihnen, wann sie den Stern haben aufgehen sehen.
- Mit der Lüge, auch er wolle dem neuen König seine Ehrerbietung erweisen, schickt Herodes die Gottessucher nach Bethlehem, an den Ort, von dem die Propheten sagten, dass dort der Gesalbte geboren werden soll. *Und du, Bethlehem Efrata, die du klein bist unter den Städten in Juda, aus dir soll mir der kommen, der in Israel Herr sei, dessen Ausgang von Anfang und von Ewigkeit her gewesen ist* (Micha 5,1).
- Er weist sie aber unmissverständlich an, anschließend umgehend zurückzukommen und ihm genauen Bericht zu erstatten, wo der Knabe zu finden sei, damit er diesem auch huldigen könne, wie er in Arglist vorgibt.

Es ist nicht abwegig, anzunehmen, dass die Männer ihren Weg mit dem festen Vorsatz fortsetzen, Herodes auf dem Rückweg wieder aufzusuchen, um mitzuteilen, wo sie das Kind gefunden haben. Doch merkwürdig: Sobald sie aus dem Glanz des Königspalastes hinaus in die Nacht kommen, leuchtet ihnen der verloren gegangene Stern erneut voran. Und sie finden Maria und das Neugeborene dort, wo er über einem Haus stehen bleibt. Hier werden ihnen die Augen geöffnet für die Wahrheit. In der Angewiesenheit des Kindes und der Armut der Umstände erkennen sie den echten Reichtum und die Macht der ungeteilten Liebe Gottes. Sie öffnen ihre *Schatzkästchen* und schenken sich selbst im Gold ihrer Herzen, im Weihrauch ihrer Demut und in der Myrrhe ihrer Sehnsucht nach Heil. Jetzt sind sie fähig, der Stimme des Traumes zu glauben, die sie anweist, als neue Menschen auf einem anderen Weg heimzukehren.

Im Traumschlaf der Magier wird deutlich, dass Gott in die Geschichte eingreift. Weil die Sterndeuter der Anweisung des Engels gehorchen, entgehen sie der Gefahr, Erfüllungsgehilfen der verbrecherischen Absichten des Herodes zu werden. Gott lässt uns nicht blind ins Verderben laufen, er will das Heil aller Menschen, seien sie in der Welt nun bedeutend oder unbedeutend, seien sie beheimatet oder fremd, seien sie arm oder reich. Seine befreiende Liebe wird immer dort Wunder wirken, wo Herzen sich für seinen Namen, sein *ICH BIN DA*, vertrauensvoll öffnen.

Auch wenn Joseph in dieser Erzählung des Matthäus nicht erwähnt wird, gehört er wesentlich zu diesem Geschehen, ist er doch selbst ein „Träumer", ein Mann, der seiner inneren Stimme glaubt und danach handelt. Die namenlosen Magier aus der Ferne sind die Erweiterung der persönlichen Berufung des Mannes Joseph hin zur Berufung aller Menschen dieser Erde, Künder und Botschafter der Inkarnation Gottes in der Welt, ja im gesamten Kosmos zu sein.

Leben

SEGEN

Gottes Sohn

Segne uns und alle
Die sich dir anvertrauen
Gib uns Begleiter an die Seite
Die uns guttun
Hilf uns in unserm Mensch-Sein
Jeden Tag neu

Trage uns wenn wir schwach sind
Berge uns wenn wir Angst haben
Und gib uns Mut zu tragen und zu bergen
Und mit dem Herzen zu sehen und zu hören
Als Mensch unter Menschen
In deiner Liebe und Kraft

Segne unser So-Sein wie es ist
Segne unser Wie-wir-sein-werden
Segne unser Ja zum Leben
Damit wir bereit sind
Unseren eigenen Weg zu finden
Den du selbst mit uns gehst

Die Flucht nach Ägypten

Als sie nun weggezogen waren, da erschien ein Engel des Herrn dem Joseph im Traume und gebot ihm: »Steh auf, nimm das Kindlein und seine Mutter mit dir und fliehe nach Ägypten und bleibe so lange dort, bis ich's dir sage! Denn Herodes geht damit um, nach dem Kindlein suchen zu lassen, um es umzubringen.« Da stand Joseph auf, nahm in der Nacht das Kindlein und seine Mutter mit sich und entwich nach Ägypten; dort blieb er bis zum Tode des Herodes. So sollte sich das Wort erfüllen, das der Herr durch den Propheten gesprochen hat, der da sagt: »Aus Ägypten habe ich meinen Sohn gerufen.«

Matthäus 2,13-15

Das Relief, das die Flucht der Heiligen Familie zeigt, hat Gillmann mit einer schon auf den ersten Blick wahrnehmbaren Dynamik ausgestaltet. Joseph ist ganz und gar zielstrebige Bewegung. Der linke Arm und der Stock in seiner Hand zeigen die Richtung, in die es geht. Der nach hinten gestreckte rechte Arm zieht den Esel hinter sich her, der auf seinem Rücken Maria und Jesus trägt. Der Künstler hat Joseph ein fast knabenhaftes Gesicht gegeben. Ein junger Mann ist da unterwegs, voller Entschlossenheit und mutiger Zuversicht. Vielleicht überträgt sich die Sicherheit, die von ihm ausgeht, auch auf den Esel, aus dessen gesamtem Ausdruck vertrauensvolle Gleichmut spricht. Maria neigt ihr sorgenvolles Gesicht über das Köpfchen ihres Sohnes. Das Kind, eingehüllt in das Gewand der Mutter, scheint sich darin geborgen und geschützt zu fühlen. Zwischen dem vorwärtsstrebenden Joseph und der Figur Marias auf dem Esel wirkt der Engel, der die Flucht begleitet, wie tief hineingegraben – mit der Zusage: JAHWE, der *ICH BIN DA*, ist mit euch, wohin immer ihr auch geht!

FLUCHT

Joseph
Wie entschlossen du bist
Gehst zielstrebig voran
Ziehst den Esel hinter dir her
Der Maria und das Kind trägt

Joseph
Du bist auf der Flucht
Auf der Flucht nach Ägypten
Dem Knaben droht Unheil
Der König will ihn töten

Joseph
Wieder hast du dein Ohr
Ganz nah beim Engel
Wieder fordert er dich auf
Zu neuen unbekannten Wegen

Joseph
Mit dir starkem Mann
Kann Maria voll Vertrauen
Trotz aller Verzweiflung
Die ihr ins Gesicht geschrieben ist
Das Neugeborene zärtlich halten und bergen

FLUCHT

Joseph muss eine Entscheidung treffen. Wieder ist es die Stimme des Engels im Traum, die ihm Anweisung gibt. Nach Ägypten soll er fliehen, ausgerechnet in das Land, das für die Israeliten das Sklavenhaus ist, aus dem Gott sie durch Moses geführt und errettet hat. Und Joseph handelt. Unverzüglich erhebt er sich, bereitet alles für die Flucht vor, denn Jesus ist in Gefahr. Bei Nacht, sagt die Schrift, bricht er auf, nimmt das Kind und seine Mutter und macht sich mit ihnen – wie noch so oft – auf einen Weg, den er sich nicht selbst ausgesucht hat. Es muss ein mühsames Unterfangen gewesen sein, voller Gefahren und Unsicherheit, voller Angst, wie sie wohl als Fremde in Ägypten aufgenommen werden. Die Flüchtenden wissen nicht, ob ihnen dort Asyl und Schutz gewährt und ob jemals wieder eine Heimkehr möglich sein wird.

Welch ein starker Mann ist doch Joseph – gefestigt im Vertrauen auf die Führung durch den Engel. Er wird, der Aufforderung der Traumstimme gehorsam, eine Reise ins Ungewisse machen. Joseph verweigert sich nicht, fügt fast selbstverständlich sein Wollen und Handeln ein in das Wollen Gottes, der ihn zum Vater seines menschgewordenen Sohnes und zum Ehemann der Mutter dieses Kindes erwählt hat.

Wie aktuell erscheint heute wieder der Bericht des Matthäus über die Flucht der Heiligen Familie nach Ägypten und ihre Heimkehr nach dem Tod des Herodes. Vielleicht gab es noch nie so viele Menschen, die ihr Land verlassen müssen, wie in unserer Zeit. Krieg, Terror, Hunger, Armut, Not und Verzweiflung zwingen sie auf Pfade, an deren Ziel sie oft unwillkommen, ausgegrenzt, verhasst sind. Und uns, die wir sie aufnehmen sollen, treibt die Sorge um, Identität und Kultur zu verlieren oder zu verwässern. Unsere Gesellschaft spaltet sich. Wir erleben uns in Ambivalenz, schwankend zwischen engagierter Hilfsbereitschaft, herzlicher Willkommenskultur und Ablehnung aus Furcht vor Überfremdung und Ausgenutzt-Werden.

Die Menschwerdung Gottes ist von Anfang an ein Eintauchen in die Geschichte der Menschheit. Alles, was seit jeher zu unserer irdischen Existenz gehört und sie ausmacht, Geburt und Tod, Freude und Leid, Heimat und Heimatlosigkeit, Wanderschaft und Sesshaftigkeit, Flucht und Heimkehr, Liebe und Ablehnung – nichts davon blieb seinem Sohn fremd, nichts davon hat Jesus *nicht* auf sich genommen, nichts davon *nicht* durchlebt, nichts davon *nicht* durchlitten.

Dieses volle Leben seines Ziehsohnes Jesus hat Joseph behütet, begleitet und mitgetragen. Er war ihm Vater, Ernährer, Erzieher, Lehrmeister und Beschützer – und durch die Flucht nach Ägypten auch Lebensretter.

GEBET

Mensch

Gottes Sohn

Menschen hast du dich anvertraut
Einer Frau und einem Mann
Ganz eingelassen hast du dich
Auf unser Mensch-Sein
Von Anfang an

Flucht in ein fremdes Land
Der Heimat fern
Doch behütet von deinen Eltern
Geleitet von einem Engel
Dem sie vertrauten

Mit dir dürfen wir uns auf den Weg machen
Zu uns selbst aus unserer Verstrickung
Mit dir werden wir nicht untergehen
In Freude Glück und Wonne
In Einsamkeit Verlassenheit und Not

Wir sind geborgen in deinen Händen

Rückkehr nach Nazareth

Als Herodes aber gestorben war, da erschien ein Engel des Herrn dem Joseph in Ägypten im Traum und gebot ihm: »Steh auf, nimm das Kindlein und seine Mutter mit dir und ziehe heim ins Land Israel; denn die sind gestorben, die dem Kindlein nach dem Leben getrachtet haben.« Da stand Joseph auf, nahm das Kindlein und seine Mutter mit sich und kehrte in das Land Israel zurück. Als er aber vernahm, dass Archelaus an Stelle seines Vaters Herodes König über Judäa sei, trug er Bedenken, dorthin zu gehen. Vielmehr begab er sich infolge einer göttlichen Weisung, die er im Traum erhalten hatte, in die Landschaft Galiläa und ließ sich dort in einer Stadt namens Nazareth nieder. So ging das Prophetenwort in Erfüllung, daß er den Namen ›Nazarener‹ führen werde.

Matthäus 2,19-23

HEIMKEHR

Von Joseph wird erneut eine Entscheidung verlangt: Im sicheren Exil bleiben oder eine gefährliche Heimkehr wagen? Er kennt sie genau, vertraut ist sie ihm, die Stimme des Engels im Traum, die ihm sagt, was zu tun ist. Es ist Zeit, nach Hause zu gehen. Und er gehorcht auf der Stelle. Joseph handelt. Er bereitet das Nötige vor und macht sich mit Maria und Jesus auf die Reise.

Matthäus berichtet, Joseph habe sich gefürchtet, nach Judäa zu ziehen, war es doch ungewiss, ob der Sohn des Herodes nicht weiterhin den Tod des Kindes betreiben würde. Aber er verlässt sich darauf, dass sein Engelbegleiter, der Gottesbote im Traum, ihn dorthin führen wird, wo die Familie sicher ist. Und so begibt Joseph sich mit Frau und Kind hinauf nach Galiläa, um sich in einer Stadt Namens Nazareth niederzulassen.

Dem Boten Gottes vertrauend, wächst ihm der Mut zu, sein Leben ganz in den Dienst des Geheimnisses zu stellen. Durch seine Treue, sein nie zurückgenommenes JA zu Maria und dem Kind wurde die Menschwerdung Gottes in Jesus erst möglich.

Und sehr wahrscheinlich hat Joseph bei der Erziehung des so besonderen Sohnes nicht nur Freude und Glück erlebt, sondern zusammen mit Maria auch so manchen Kummer durchlitten. Er wird um Jesu Entwicklung gebangt und sich um ihn Sorgen gemacht haben. Und vermutlich musste er sich manchmal fragen, was aus diesem Jungen wohl werden soll. Eine Frage, die allen Vätern und Müttern der Welt nicht fremd ist.

Joseph, der Mann, der in unserer Vorstellung von Weihnachten fast unscheinbar im Hintergrund steht, war ganz bestimmt kein alter Mann, zu dem ihn die Legenden und frommen Erzählungen gemacht haben. In der Beschäftigung mit dem, was uns die Heilige Schrift über ihn sagt, ist er mir vertraut geworden und sehr nahegekommen. Ich bewundere ihn als einen Menschen, der einerseits mit Stärke und Tatkraft handelt, der aber andererseits mit feinstem Gespür der Stimme seines Herzens folgt.

Segne uns

SEGEN

Gottes Sohn

Segne uns und alle Menschen
Die deinen Anruf hören
Segne das Erschrecken
An dem wir wachsen
Segne die Entscheidungen
Die wir treffen

Berühre uns in der Einsamkeit
Sende uns dein Licht in der Dunkelheit
Öffne unsere Augen um die Wahrheit zu erkennen
Öffne unsere Ohren um die leisen Stimmen zu hören
Öffne unser Leben um fruchtbar zu sein
Öffne unser Herz um dich einzulassen

Segne unser Stehen
Segne unser Gehen
Segne unseren Fortgang
Segne unser Ankommen
Im Leben und im Tod

Der zwölfjährige Jesus im Tempel

Seine Eltern pflegten aber alle Jahre zum Passahfest nach Jerusalem zu wandern. Als er nun zwölf Jahre alt geworden war und sie wie gewöhnlich zur Festzeit hinaufgezogen waren, blieb, als sie die Festtage dort zugebracht hatten und sie sich auf den Heimweg machten, der Knabe Jesus in Jerusalem zurück, ohne dass seine Eltern es bemerkten. In der Meinung, er befinde sich unter der Reisegesellschaft, gingen sie eine Tagereise weit und suchten ihn bei den Verwandten und Bekannten; als sie ihn aber dort nicht fanden, kehrten sie nach Jerusalem zurück und suchten ihn dort. Nach drei Tagen endlich fanden sie ihn, wie er im Tempel mitten unter den Lehrern saß und ihnen zuhörte und auch Fragen an sie richtete; und alle, die ihn hörten, staunten über sein Verständnis und seine Antworten. Als seine Eltern ihn dort erblickten, wurden sie betroffen, und seine Mutter sagte zu ihm: »Kind, warum hast du uns das angetan? Bedenke doch: dein Vater und ich suchen dich mit Angst!« Da antwortete er ihnen: »Wie habt ihr mich nur suchen können? Wußtet ihr nicht, dass ich im Hause meines Vaters sein muss?« Sie verstanden aber das Wort nicht, das er zu ihnen gesagt hatte. –

Er kehrte dann mit ihnen nach Nazareth zurück und war ihnen ein gehorsamer Sohn, und seine Mutter bewahrte alle diese Vorkommnisse in ihrem Herzen. Jesus aber nahm an Weisheit, Körpergröße und Wohlgefallen bei Gott und den Menschen zu.

Lukas 2,41-52

Wenn ich das Relief betrachte, das die Szene des zwölfjährigen Jesu im Tempel zeigt, bin ich erstaunt, mit welchem Symbolgehalt der Künstler sie ausgestaltet hat. Allein mit der Darstellung der Hände der Figuren gelingt ihm ein Lehrstück über Liebe.

Da ist zunächst die Herzenshand, die linke Hand Jesu, die nach oben in Richtung des himmlischen Vaters zeigt. Sie weist über das Buch, Sinnbild für die Tora, gehalten von einem der Schriftgelehrten, hinaus. Das Gesetz des Moses wird nicht aufgehoben, aber unter das Primat der Liebe gestellt.

Jesu rechte Hand, die Schaffenshand, ruht auf seinem rechten Knie. Die zum Boden gerichteten Finger erinnern daran, dass echte Gottesliebe der Erdung, der Tat, bedarf. Gott zu lieben, den Mitmenschen und sich selbst aber zu übersehen oder gar gering zu achten, widerspricht dem Liebesgebot.

Jesus – als Mittelpunkt der Szene – sitzt den drei Schriftgelehrten, die zu liegen scheinen und an der rechten Reliefseite positioniert sind, diagonal gegenüber. Den Blick zu uns, den Betrachtern des Bildes, gerichtet, hört er ihrer Auslegung der Tora zu. Matthäus berichtet, der Zwölfjährige habe so kluge Fragen gestellt, dass alle Anwesenden über sein Verständnis und seine Antworten in Erstaunen versetzt wurden.

Der Lehrer, der am oberen rechten Rand Jesu am nächsten dargestellt ist, wirkt vollkommen in das Buch vertieft – als wolle er sich am Gesetz festhalten, als wolle er sich trotzig hinter ihm verstecken. Der mittlere schaut in eine andere Richtung und, wie es scheint, an Jesus vorbei. Von beiden sind die Hände nicht zu sehen. Nur der Rabbi zu Füßen Jesu lehnt den linken Unterarm an Jesu linkes Bein und legt seine Hand auf dessen Knie. Sein Gesicht wirkt, als sehe er unter den geschlossenen Augen eine neue Wirklichkeit aufscheinen.

Hinter Jesus, in der linken Hälfte der Bildmitte, steht seine Mutter. Jesus wendet ihr den Rücken zu. Marias rechte Hand liegt auf seiner rechten Schulter. Sanft und leicht berühren ihre Finger den Hals des Sohnes. Maria ist in ihrer ganzen Gestalt konzentrierte Zuwendung, die bergenden Halt gibt, aber weder klammert noch festhält. Aus dieser Geste sprechen gleichzeitig mütterliche Zärtlichkeit und verstehendes Geschehen-Lassen. Der Betrachter kann das Versprechen erahnen: *Ich stehe zu dir, was immer auch kommen mag. Ich liebe dich, wie eine Mutter ihr Kind nur lieben kann.*

Und Joseph? Der Künstler hat Joseph an den linken Rand des Reliefs gestellt. Nach links, auf die Herzensseite. Flüchtigen Betrachtern mag er ein klein wenig verloren vorkommen an dieser Stelle. Seine Person scheint zaghaft eher in den Hintergrund zu treten. Doch in Gesicht und Hand ist Joseph eindrucksvoll präsent. Sein Blick wirkt, als versuche er, mit inneren Augen und Ohren zu sehen und zu hören, was hier geschieht.

Der Stab in seiner Rechten steht einerseits symbolisch für väterliche Stärke, Schutz und Sicherheit, andererseits ist er Hinweis auf die Erwählung Josephs zum rechtlichen irdischen Vater Jesu. Die Finger dieser kraftvollen rechten Hand ruhen entschlossen fest und doch spürbar zart und tröstlich auf der rechten Schulter Marias. Es sieht so aus, als wolle Joseph damit seiner Frau jetzt und in alle Zukunft den Rücken stärken, wie er es schon immer getan hat.

In seinem Relief zeichnet der Künstler Joseph als verlässlichen Vater, der, über die Mutter mit Jesus verbunden, sich dem Fluss der Liebe hingibt. Dem Fluss der Liebe, der nicht versiegt, weil er sich aus göttlicher Quelle speist.

VATER

JOSEPH

Joseph
Drei Tage haben Maria und du
Gesucht gebangt gehofft
Jesus ist euch verloren gegangen
Euer Sohn hat sich entzogen

Joseph
Es geht dir wie allen Vätern
Die Erziehung wird hinterfragt
Das Elternband gelöst
Die Kinder entwachsen der Familie

Joseph
Doch du lässt den flüggen Sohn
Nicht einfach aus dem Nest fallen
Du reichst ihm über seine Mutter hinweg
Verlässlich die Hand in starker Verbindung

Joseph
Nie wird reißen
Das Netz der Treue
Gewebt aus Fäden der Liebe
Geknüpft zwischen Himmel und der Erde

Vater

Nach der Rückkehr aus dem ägyptischen Exil begann der Alltag für die kleine Familie in Nazareth. Von Joseph wissen wir, dass er ein *téktōn* war, das bedeutete damals so viel wie Bauhandwerker und schloss alle Arbeiten am Bau eines Hauses ein. In der christlichen Tradition wird er gemeinhin als Zimmermann bezeichnet. Zurzeit Jesu waren in Galiläa Handwerker gefragte und angesehene Leute, die in großer Zahl beim Bau der Städte Sepphoris und Tiberias gebraucht wurden. Die Bibelforschung geht daher davon aus, dass Joseph für die Familie in wirtschaftlicher Hinsicht relativ gut sorgen konnte.

Als Oberhaupt der Familie oblag ihm nun nicht nur die religiöse Erziehung seines Sohnes, sondern auch die Unterweisung in das väterliche Handwerk. So ist zu vermuten, dass Jesus, wie Joseph, als Bauhandwerker arbeitete und zum Unterhalt der Sippe beigetragen hat

Alle Väter dieser Welt, die sich bemühen, ihren Söhnen und Töchtern ein tragfähiges Rüstzeug für das Leben mitzugeben, kennen die Freude, wenn sie spüren, dass ihre Kinder einen guten Weg einschlagen. Sie kennen aber auch die Ratlosigkeit, die Verzweiflung, den Ärger und die Frustration, wenn das Gut-Gemeinte auf taube Ohren stößt, zurückgewiesen oder brüsk abgelehnt wird. Es gibt Phasen, in denen die Heranwachsenden wütend opponieren, sich von den Eltern abwenden oder bewusst das Gegenteil dessen machen, was sich Vater und Mutter erhoffen und wünschen.

Sicherlich hatte auch Joseph seine Schwierigkeiten, sich mit Jesus, seinem in mancherlei Hinsicht so außergewöhnlichen Sohn, auseinanderzusetzen. Wahrscheinlich konnte er nicht alles verstehen und gutheißen, was dieser sprach und tat. Er wird sich aber doch insgeheim über die Klugheit Jesu gefreut, über dessen Reife gestaunt und sich Gedanken darüber gemacht haben. Und stolz wird er auch auf ihn gewesen sein. Vielleicht war ihm in diesen Momenten die tief ins Herz eingegrabene Vorhersage des Engels präsent, an deren Verwirklichung Joseph seinen Anteil haben sollte: *Das Kind stammt vom heiligen Geist, dem sollst du den Namen Jesus geben; denn er ist es, der sein Volk von ihren Sünden erretten wird* (vgl. Matthäus 1,20-21).

Von Joseph erzählt die Schrift, er sei ein gottesfürchtiger und gerechter Mann gewesen. Als solcher richtete er sein Leben nach den Vorschriften der Tora aus. Dazu gehörten die jährlichen Wallfahrten zum Passahfest nach Jerusalem. Bestimmt waren diese Pilgerreisen nicht nur beschwerlich, sondern auch eine gute Möglichkeit, Bekannte und Verwandte zu treffen. So ist es nicht verwunderlich, dass die Abwesenheit des Sohnes im Tross der Heimkehrer nicht gleich bemerkt wurde.

Drei Tage lang haben Maria und Joseph nach Jesus gesucht. Sie sind die Wegstrecke bis nach Jerusalem zurückgegangen und fragten überall verzweifelt nach ihm. Endlich finden sie ihn in Jerusalem im Tempel, mitten unter den Schriftgelehrten, die angesichts seines Verständnisses für das Wort Gottes ins Staunen geraten.

Wie tief muss nach der anfänglichen Erleichterung, ihn gefunden zu haben, der Schock gesessen sein, als die Eltern auf die Frage Marias: *Kind, warum hast du uns das angetan? Bedenke doch: dein Vater und ich suchen dich mit Angst* (Lukas 2,48), die Antwort hören müssen: *Wie habt ihr mich nur suchen können? Wusstet ihr nicht, dass ich im Hause meines Vaters sein muss* (Lukas 2,49)?

Wie sehr mag dieses Wort Joseph getroffen haben. Wie sehr mag das Wissen, nicht der leibliche Vater zu sein, die vernarbte Wunde wieder schmerzhaft aufgerissen haben.

Jesus entzieht sich seinen Eltern, er ist dabei, den Gehorsam gegenüber seiner Berufung zu entdecken. Er weiß sich richtig im Hause seines göttlichen Vaters. Und er grenzt sich vom bisherigen Elternhaus mit dessen Mustern und Prägungen ab.

Er wird erwachsen. Ein aufregender Prozess für alle Beteiligten. Aber ein notwendiger, um den eigenen Weg zu finden und zu gehen. Der heranreifende Sohn wächst immer stärker in die Verantwortung für sich und sein Handeln hinein. Und Vater und Mutter müssen lernen, ihr mündig werdendes Kind loszulassen, damit es sich in Freiheit entfalten kann.

Nur wenn es gelingt, diese Entwicklung, diese wechselseitige Befreiung aus Verwicklungen zuzulassen, werden respektvoller Umgang untereinander und Sensibilität für das eigene Leben und das des Nächsten möglich.

Es ist auch Aufgabe der Väter, den Kindern den Rücken zu stärken und in den Hintergrund zu treten, wenn sie ihren Weg allein gehen können.

GEBET

Psalm 139

HERR du hast mich durchschaut
Und kennst mich genau
Ob ich sitze oder stehe
Du hast mich im Blick
Meine Pläne erkennst du von fern
Ob ich gehe oder ruhe
Es bleibt dir nicht verborgen
Alle meine Wege sind dir bekannt
Noch liegt mir kein Wort auf der Zunge
Schon weißt du Herr was ich sagen will
Von hinten und vorn birgst du mich
Hast zärtlich mich umschlossen
Und deine Hand legst du auf mich
Zu wunderbar ist deine Gegenwart
Mein Verstand kann nicht fassen
Dass du mich durch und durch kennst
Erforsche mich Gott sieh mir ins Herz
Prüfe meine Wünsche und Gedanken
Schau doch ob ich auf falscher Fährte bin
Und wenn ich mich verirre
Führe mich auf den Weg zurück zu dir

Amen

Nach Psalm 139,1-6;23-24

Segne uns

Herr segne uns
Du hast uns beim Namen gerufen
Du hast uns erkannt noch ehe wir waren
Du willst Leben in Fülle für alle Menschen

Segne uns
Wenn wir unterwegs sind
Wenn wir uns selbst verloren haben
Wenn wir vor Kreuzwegen stehen

Segne uns
Wenn wir ankommen
Wenn wir finden und gefunden werden
Wenn wir Entscheidungen treffen

Segne uns
Alle Tage unseres Lebens
Deine Liebe erfülle unser Herz
Uns und anderen zum Heil

Erich Gillmann zeigt im letzten seiner sechs Reliefs genau dieses Unsichtbarwerden Josephs. Er ist nicht mehr da, nicht mehr im Bild. Drei Personen sind dargestellt: Jesus in der Mitte; er wirkt sehr lebendig. Obwohl er die kleinste Gestalt in der Szene ist, wird das Geschehen von ihm bestimmt. An Jesu linker Seite beugt ein Mann sich ihm zu, der auf einer Art Thron sitzt. Es könnte ein Schriftgelehrter sein. Gemeinsam halten Jesus und er eine Schriftrolle in den Händen. Will er als Vertreter des alten Bundes das Gesetz gegen den anstößigen Wanderprediger verteidigen, der von sich sagt, er sei Gottes Sohn?

Matthäus und Markus berichten, dass Jesus, nachdem er viele Wunder gewirkt hatte, nach Nazareth zurückkehrte und dort in der Synagoge am Sabbat die Menschen mit seiner Lehre beeindruckte. Die Leute verwunderten (vgl. Markus 6,3), ja sie entsetzten sich angesichts seiner Autorität: *So nahmen sie Anstoß an ihm* (Matthäus 13,57).

Rechts von ihm sitzt seine Mutter mit sorgenvollem Gesicht und fast resignierter Haltung. Ahnt sie, spürt sie schmerzlich die Ablehnung, die Jesus hier in der Heimat entgegenschlägt? Ist sie die einzige aus der Sippe, die noch zu ihm hält? Sie hört mit wehem Herzen die Worte ihres Sohnes: *Ein Prophet gilt nirgends weniger als in seiner Vaterstadt und in seiner Familie* (Matthäus 13,57). Und sie erlebt, dass Jesus hier keine Wunder vollbringen kann, weil die Menschen ihm nicht glauben.

Wo ist Joseph? Als rechtschaffener Jude hätte er vermutlich am Sabbat in der Synagoge seine religiösen Pflichten erfüllt. Dass er nicht anwesend war, als Jesus dort lehrte, lässt den Schluss zu, dass Joseph zu diesem Zeitpunkt schon nicht mehr lebte.

Joseph hat losgelassen. Für Jesus gibt es nun keine Bindung mehr an seine Vaterstadt. Er wird weiterziehen und mit ihm alle, die von seiner Lehre ergriffen sind und ihm nachfolgen wollen.

LOSLASSEN

Joseph
Wo bist Du
Du scheinst von der Bildfläche verschwunden
Dein Name wird nicht mehr genannt
Höchstens noch in Unverständnis
Wird von diesem Wunderheiler gesagt
Er sei doch des Zimmermanns Sohn

Joseph
Es geht dir wie vielen Vätern
Du hast deine Pflicht getan
Musst loslassen
Darfst aber getrost hoffen
Dass der Weg des Kindes
Ein guter sein wird

Joseph
Vielleicht hast du nicht mehr gelebt
Als Jesus die Menschen heilte
Hast nicht mehr erlebt
Wie er bejubelt und gehasst wurde
Hast nicht mit ansehen müssen
Wie er verraten und gekreuzigt wurde
Aber ganz gewiss hat ER dich
Hineingenommen in seine Auferstehung

Loslassen

Ganze fünfzehn Mal wird der Name Josephs in den Evangelien erwähnt. Kein einziger Satz ist von ihm überliefert. Er scheint stumm zu bleiben, ein wortloser Erfüller der Zumutung Gottes an ihn und sein Leben. Aber müssen wir ihn reden hören? Ist nicht sein Handeln beredt genug?

Von Joseph, dem in der Schrift als gerecht Bezeichneten, dem geradlinigen Mann, verwurzelt in der Tradition des Judentums seiner Zeit, wird eine Entscheidung verlangt: Entweder im Althergebrachten zu verharren, sich den herrschenden Regeln zu unterwerfen, auf Kosten des Ehrverlustes Marias die eigene Ehre zu retten – oder sich dem unerhört Unzumutbaren, dem denkbar Undenkbaren, dem unaussprechlich Göttlichen zu öffnen. Er entscheidet sich für ein Leben, das er sich so selbst nicht ausgesucht hat.

Im Handeln loszulassen, wird sein Lebensthema werden.

Das Loslassen beginnt nicht erst mit der Botschaft des Engels im Traum. Ich kann mir sehr gut vorstellen, dass Joseph mit Besorgnis oder Verwirrung auf die plötzliche Abreise seiner Verlobten reagiert hat, die einer als unfruchtbar geltenden Cousine in ihrer Schwangerschaft beistehen will. Da sind doch Zweifel angebracht! Was mag wirklich dahinterstecken, ist der Besuch etwa nur eine Ausrede, trifft sie sich vielleicht mit einem anderen Mann? Drei Monate wird Maria wegbleiben. Wie mag Joseph sich dabei fühlen? Wenn Unruhe ihn überfallen und gequält haben sollte, wäre dies sehr verständlich. Doch Joseph stellt sich der Reise nicht in den Weg, er lässt Maria gehen.

Dann kommt sie zurück, offensichtlich schwanger. Und die Leute tuscheln und reden. Mit der Schande der jungen Frau ist auch sein Ruf in Gefahr. Was soll er tun? Wenn er Maria heimlich ohne großes Aufsehen entlässt, entgeht sie vielleicht der Steinigung und er kommt ohne Gesichtsverlust aus der Geschichte, ohne Recht und Gesetz zu verletzen. Seine Pläne für Zukunft muss er allerdings begraben.

Diesem äußeren Loslassen steht das andere Loslassen, das geistige Loslassen gegenüber. Während er schläft, wird er ermutigt, sein Leben ganz in den Dienst des

Höchsten zu stellen. Alles Zweifeln, Grübeln, Abwägen, Planen, Beabsichtigen wird dabei nichtig: Joseph vertraut der Botschaft des Engels, steht auf und übernimmt Verantwortung als Marias Ehemann und als Vater für Jesus. Er wählt das Menschliche, tut, was der Engel im Traum ihm aufträgt. *Als Joseph dann aus dem Schlaf erwacht war, tat er, wie der Engel des Herrn ihm geboten hatte: er nahm seine Verlobte als Gattin zu sich* (Matthäus 1,24) und ihr Kind als sein eigenes an.

Joseph, der „Träumer", Joseph, der hellwach Handelnde. Joseph, der wahrhaft Männliche, jenseits jeder vordergründigen Vorstellung von Männlichkeit.

Am achten Tag nach der Geburt wird jeder Knabe zum Zeichen der Bundeszugehörigkeit zu JAHWE beschnitten, wie es das Gesetz vorschreibt. Damit verbunden ist die Namensgebung.

Joseph ist nicht frei, den Namen zu wählen, auch dieses Vorrecht muss er loslassen. Denn der Engel weist sowohl Maria als auch Joseph an, das Neugeborene *Jesus* zu nennen: *Fürchte dich nicht, Maria! Denn du hast Gnade bei Gott gefunden. Und siehe, du wirst schwanger werden und einen Sohn gebären; und du sollst ihm den Namen Jesus geben* (Lukas 1,31); und *Joseph, Sohn Davids, trage keinerlei Bedenken, Maria, deine Verlobte, als Ehefrau zu dir zu nehmen! Denn das von ihr zu erwartende Kind stammt vom heiligen Geist. Sie wird Mutter eines Sohnes werden, dem du den Namen Jesus geben sollst* (Matthäus 1,20-21).
Matthäus berichtet dann weiter: ... *dem gab er den Namen Jesus* (Matthäus 1,25). Dadurch wird betont, dass Joseph vor aller Welt die rechtliche Vaterschaft für Marias Kind angenommen hat.

Bei Lukas hingegen lesen wir die neutrale Aussage: *Als dann acht Tage vergangen waren, so dass man das Kind beschneiden musste, gab man ihm den Namen Jesus, der schon vor seiner Empfängnis von dem Engel angegeben worden war* (Lukas 2,21). Dadurch wird die Interpretation zugelassen, dass beide Elternteile gemeinsam Namensgeber sind, wie es in alttestamentlicher Zeit nicht unüblich war.

Nach Ende der Reinigungszeit, einer Schutzzeit für Mutter und Kind von vierzig Tagen, wird Jesus von Maria und Joseph in den Tempel nach Jerusalem gebracht und als Erstgeburt dem Herrn geweiht. In diesem heiligen Ritus erkennen Vater und

Mutter an, dass sie ihr Kind nicht an sich binden dürfen, sondern sie bezeugen öffentlich: Der Erstgeborene war, ist und bleibt immer Gottes Eigentum.

Den Namen des Kindes nicht nach individueller Vorliebe zu geben und die Darstellung des Erstgeborenen im Tempel sind Akte der Demut und des Entsagens, in der Erkenntnis, dass das eigene Leben, wenn es gelingen soll, in den größeren Plan Gottes eingebettet sein muss.

Jesus selbst zeigt genau diese Haltung des Gehorsams gegenüber Gott, wenn er seine Eltern fragt: *Wie habt ihr mich nur suchen können? Wusstet ihr nicht, dass ich im Hause meines Vaters sein muss* (Lukas 2,49)? Er macht ihnen damit unmissverständlich klar, wo er hingehört. Joseph erlebt zusammen mit Maria erneut den Schmerz des Loslassens, durch den erst ein Neubeginn mit ihrem Sohn möglich wird: *Er kehrte dann mit ihnen nach Nazareth zurück und war ihnen ein gehorsamer Sohn, und seine Mutter bewahrte alle diese Vorkommnisse in ihrem Herzen. Jesus aber nahm an Weisheit, Körpergröße und Wohlgefallen bei Gott und den Menschen zu* (Lukas 2,51-52).

Für Joseph hört das Loslassen damit nicht auf. Er wird gleichsam unsichtbar. Er tritt in den Berichten der Evangelisten zurück in die scheinbare Bedeutungslosigkeit. Sein Name wird nur noch da auftauchen, wo es um die Frage der Herkunft des erstaunlichen Wunderheilers und Wanderpredigers geht.

Und er, Jesus, war bei seinem Auftreten etwa dreißig Jahre alt und war, wie man meinte, der Sohn Josephs (Lukas 3,23).

Wir haben den gefunden, von welchem Mose im Gesetz und die Propheten geschrieben haben, Jesus, den Sohn Josephs, aus Nazareth (Johannes 1,45).

... und sie sagten: Ist dieser nicht Jesus, Josephs Sohn, dessen Vater und Mutter wir kennen? Wie kann er da jetzt behaupten: ›Ich bin aus dem Himmel herabgekommen‹ (Johannes 6,42)*?*

Ob Joseph das öffentliche Wirken Jesu noch erlebt hat, darüber geben die Schriften des Neuen Testaments keine Auskunft. Aber wir wissen: Joseph ist seiner Berufung treu geblieben, weil er das ungeteilte JA zu seiner Lebensaufgabe nie zurückgenommen hat, dem Gottessohn ein irdischer Vater zu sein. Joseph, der „Träumer“, war zusammen mit Maria, seiner Frau, von JAHWE ausgewählt, Garant dafür zu sein, dass Jesus als wahrer und geerdeter Mensch im Schutze einer Familie aufwachsen durfte.

Joseph hat seinen Auftrag erfüllt. Jetzt kann er abtauchen in den Nebel der Geschichte. Für seinen Ziehsohn beginnt die Zeit des öffentlichen Auftretens. Alle Reden, alle Wunder und Zeichen, die Jesus wirkt, sind Verkündigungen der Liebe Gottes. Und wenn er sagt: *Ich und der Vater sind eins* (Johannes 10,30), so offenbart er damit die wahre Vaterschaft. Ein Ärgernis für viele Menschen seiner Zeit, die die Botschaft Jesu, für die er gekreuzigt wurde, abgelehnt haben. Selbst seine Jünger, die er Freunde nannte, erkannten Jesus bis zur Auferstehung nicht wirklich: *Da sagte Thomas zu ihm: Herr, wir wissen nicht, wohin du gehst: wie sollten wir da den Weg kennen? Jesus antwortete ihm: Ich bin der Weg und die Wahrheit und das Leben; niemand kommt zum Vater außer durch mich. Wenn ihr mich erkannt hättet, würdet ihr auch meinen Vater kennen; von jetzt an kennt ihr ihn und habt ihn gesehen. Philippus sagte zu ihm: »Herr, zeige uns den Vater: das genügt uns«* (Johannes 14,5-7).

Und Jesus zeigt mit seinem Vorbild seinen Gefährten, wie sie in rechter Weise beten sollen: Um seinem Vater ganz nahe zu sein, zieht er sich für die Zwiesprache mit ihm immer wieder in die Stille zurück. Und er schenkt ihnen und uns die Worte, die seither das Grundgebet der Christen auf der ganzen Welt sind.

In seine Nachfolge sind wir gerufen! Und wir dürfen mit ihm Gott *ABBA* – Papa – nennen, wenn wir so mit ihm sprechen, wie Jesus es uns gelehrt hat.

Abba Vater

GEBET

Vater unser im Himmel
Geheiligt werde dein Name
Dein Reich komme
Dein Wille geschehe
Wie im Himmel
So auf Erden
Unser tägliches Brot
Gib uns heute
Und vergib uns
Unsere Schuld
Wie auch wir vergeben
Unseren Schuldigern
Und führe uns
Nicht in Versuchung
Sondern erlöse uns
Von dem Bösen

Amen

NACHWORT

Wenn wir in unserem Leben mit Zumutungen konfrontiert werden, mit denen eine tiefgreifende Entscheidung verbunden ist, kann unsere Seele gleichsam wie von einem Vulkanausbruch erschüttert werden. Welche Möglichkeiten haben wir, mit dem Erschrecken, das meist damit verbunden ist, umzugehen?

Lebewesen agieren in Gefahr ganz unterschiedlich: Die einen stellen sich tot, andere passen ihre Hautfarbe oder ihr Aussehen der Umgebung an, wieder andere fliehen oder vergraben sich. Es gibt Tiere, die Signale der Unterwerfung aussenden, aber auch solche, die sich der Bedrohung durch Angriff stellen. Immer geht es dabei darum, den Angreifer zu besiegen oder schlicht zu überleben.

Auch wir Menschen kennen Reaktionen, die diesen ähnlich sind.

Freud spricht von Abwehrmechanismen des Ichs. Das sind zum Beispiel Verleugnung, Identifikation, Verdrängung, Regression, Verschiebung usw. Die daraus entstehenden Verhaltensmuster werden schon in den ersten Lebensjahren geprägt. Sie helfen dem Ego des Kindes, in unsicheren oder angstbesetzten Situationen zu überleben. Häufig behalten wir diese Muster bis ins Erwachsenenalter bei, auch wenn sie dann die seelische Entfaltung und Reifung mehr hemmen als voranbringen können.

Schicksalsschläge, Krankheiten, Verluste, Verantwortlichkeiten in Familie und Beruf fordern heraus, *erwachsen* zu werden. *Erwachsen* werden heißt, sich gleichsam zu häuten, aus der alten Haut, aus den eingefahrenen Bahnen, aus den eingeschliffenen Gewohnheiten *herauszuwachsen.* Das geht nicht ohne Schmerz, nicht ohne inneren Kampf und oft auch nicht ohne Veränderung nach außen. *Erwachsene* Verantwortung für sich zu übernehmen, bedeutet, zu sich selbst JA zu sagen. Dann werde ich meine ureigene Lebensspur finden und immer mehr meine Berufung erkennen. Dies ist ein lebenslanger Prozess, dem wir nur um den Preis ausweichen können, an uns und unserer Bestimmung vorbei zu leben. Wir bleiben dann in Rollen verhaftet, und andere Menschen, die Umstände, die Umgebung führen Regie.

Was hat das nun mit Joseph zu tun? Wer sich mit biblischen Schriften auseinandersetzt, wird merken, dass es in den überlieferten Texten oft um historische Begebenheiten geht und zugleich um theologische Aussagen, die gemacht werden sollen. Jedoch nicht nur spirituell Suchende sind angesprochen, sondern der darin verborgene Schatz an tiefen psychologischen Wahrheiten und Grunderfahrungen gilt für alle Menschen.

Mit dem Einbruch Gottes in unser Leben geht meist ein Erschrecken einher. Es erfordert die Auseinandersetzung mit dem, was da neu in mir wachsen will. Meine bewusste Zustimmung, mein Vertrauen ist gefragt. Indem ich mich dem Anruf Gottes öffne, werde ich gewandelt und mit mir das Geflecht, das Gefüge, in dem ich lebe. Nicht immer muss das mit großen äußeren Veränderungen einhergehen, es kann auch fast unscheinbar und sehr leise passieren. Immer aber wird es eine Entscheidung für erfülltes Leben sein.

Maria fragt den Engel: *Wie soll das geschehen?* Sie ist sich der möglichen Konsequenzen bewusst. Sie weiß, was sie tut, wenn sie sich der Botschaft und damit ihrer Berufung nicht verschließt. Sie gibt ihr *erwachsenes* JA zu einem Plan, dem sie nur im Vertrauen auf ihren Gott zustimmen kann. Sie wird zu einer Handelnden, die Gott an sich handeln lässt.

Joseph ficht einen inneren Kampf mit sich aus. Er will Schaden für Maria und auch für sich selbst vermeiden und daher die Verlobung ohne großes Aufsehen beenden. Seine Gedanken zeugen von einer *erwachsenen* Reife. Statt nach männlichen Mustern des Verletzt-Seins, des Gekränkt-Seins, zu reagieren, will er sich gütlich von Maria trennen. Doch seine Überlegungen werden durch einen Traum in einen neuen Zusammenhang gebracht. Joseph traut dem Engel. Er glaubt dessen Botschaft, dass Maria vom Heiligen Geist empfangen hat und den Sohn des Höchsten in sich trägt. Und so wird auch Joseph zu einem Handelnden, indem er das rational vernünftig Scheinende unterlässt und sich in seiner ganzen Person als Ziehvater des Ungeborenen – und damit Gott – zur Verfügung stellt.

Die Magier sehen einen Stern, sie brechen auf, sie täuschen sich unterwegs und verlieren die Orientierung. Der Stern aber erscheint erneut am Himmel, sobald sie sich wieder aufmachen, das Kind zu suchen. Nachdem sie es gefunden haben, nehmen sie einen anderen Weg zurück, gehorsam der göttlichen Weisung in ihren Träumen.

Joseph muss alsbald mit seiner Familie nach Ägypten fliehen, weil Herodes das Kind töten will. Wieder ist es ein Traum, der ihn warnt und zur Flucht ermahnt, bis ein zweiter Traum ihm gebietet, das Exil zu beenden. Schließlich kehrt er mit Maria und Jesus nach Nazareth zurück, wo sie sich niederlassen.

Auf seine Träume zu hören, der inneren Stimme zu vertrauen, das Bauchgefühl ernst zu nehmen und mit der Vernunft in Einklang zu bringen, zeugt von Reife und Lebensweisheit. Reife und Lebensweisheit jedoch wachsen fast immer nur dann, wenn Schwierigkeiten das Leben herausfordern, wenn nicht alles glatt läuft, wenn in existenzieller Bedrängnis Entscheidungen getroffen werden müssen.

In jeder Not dürfen wir vertrauensvoll auf Joseph blicken, auf den starken, mutigen Mann, den engelgeleiteten „Träumer", der voll entschlossener Lebendigkeit seine Berufung angenommen hat. Er wird für uns einstehen, wenn wir Hilfe und Beistand brauchen und ihn darum bitten.

Es war sein Gehorsam gegenüber dem Anruf Gottes, der ihn befähigte, Zelt und Schutz für Maria und das Kind zu sein und auch für uns zu werden. Es ist sein offenes Herz, das ihm die Kraft gab, entgegen Konventionen und religiöser Tradition zu handeln und, zusammen mit Maria, dem Sohn Gottes eine Familie zu schenken.

Ein Mensch wie Joseph kann Vorbild für unser Leben sein: im Hören des Anrufs – im Erschrecken darüber – im persönlichen Ringen – in der Entscheidung – im Auf-den-Weg-machen – im Handeln – im Unterwegs-Reifen – im Zurückkehren – im Sich-Finden in der eigenen Identität – und im Loslassen.

Ein lebenslanger Prozess ist das. Manchmal meinen wir, das Ziel erreicht zu haben und glauben, die Wahrheit unseres Lebens gefunden zu haben. Wenn wir dann versucht sind, allein aus eigener Stärke leben zu wollen, laufen wir Gefahr, fundamentalistisch zu erstarren, hart und unlebendig zu werden. Heil- und Ganzwerdung sind jedoch Geschenk.
Heil- und Ganzwerdung erreichen wir nicht allein aus menschlicher Kraft. Sie können vorbereitet werden im Loslassen, im Sterben meines Egos, in meiner Beheimatung in Gott.

Letztlich sind Heil- und Ganzwerdung Gnade.

Quellenhinweise

Bibelübersetzung: MENGE-BIBEL

Internetquellen für Recherchen: www.bibelwissenschaft.de

Alle Texte: Margit Fuhrmann 2019

Fotos und Bildbearbeitung: Margit Fuhrmann 2019

Sechs Reliefs, *St. Josef, der Bräutigam Marias*, in Marktheidenfeld: Erich Gillmann

Kurzportrait des Künstlers Erich Gillmann

Erich Gillmann wurde 1925 in Mellrichstadt geboren. Nach der Schule absolvierte er eine Ausbildung zum Bildhauer. Die Meisterprüfung als Steinbildhauer legte er 1951 ab. Er machte sich zunächst selbständig, begann dann aber ein Studium zum Berufsschullehrer. Nach einer Zeit in München war er ab 1954 bis zu seinem Ruhestand Lehrer für Holz- und Bautechnik, für Maler- und Meisterkurse an der Berufsschule in Marktheidenfeld.
Sein Können und Wissen gab er darüber hinaus in zahlreichen Vhs-Kursen weiter.

Er starb im Jahre 2016.

Die Bandbreite seines künstlerischen Schaffens war sehr groß. Aus Stein, Holz, Keramik schuf er seine Werke. Sie bereichern zahlreiche Kirchen, Plätze und Ecken – vor allem in Marktheidenfeld und Umgebung.

(Quelle: www.stadt-marktheidenfeld.de 12.04.2019).